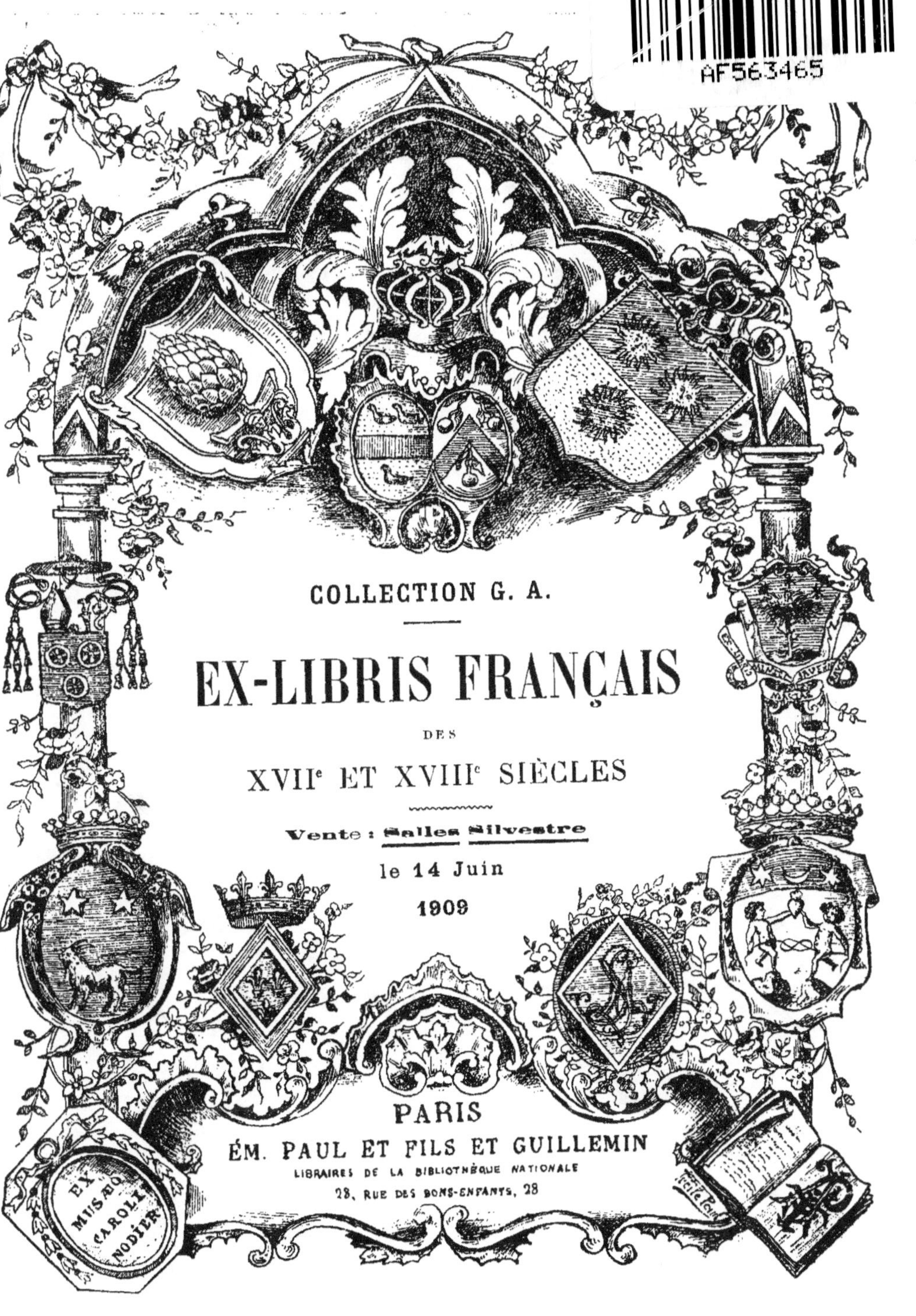




COLLECTION G. A.

# EX-LIBRIS FRANÇAIS

DES

XVII^e ET XVIII^e SIÈCLES

Vente : Salles Silvestre

le 14 Juin

1909

PARIS

ÉM. PAUL ET FILS ET GUILLEMIN

LIBRAIRES DE LA BIBLIOTHÈQUE NATIONALE

28, RUE DES BONS-ENFANTS, 28

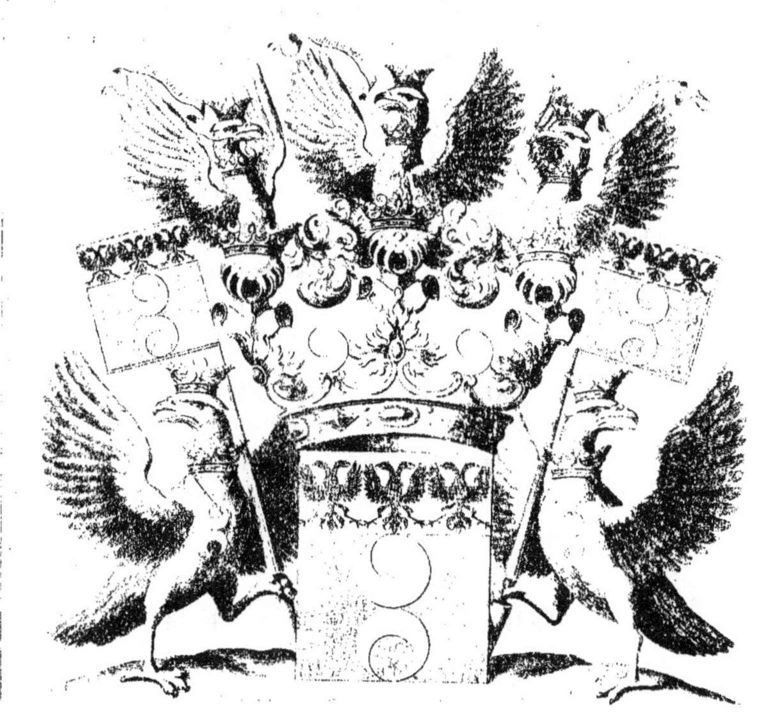

Nº 18 du Catalogue.

## LA VENTE AURA LIEU

**Le Lundi 14 Juin 1909**

A DEUX HEURES PRÉCISES DU SOIR

**Dans les Salles de Ventes aux Enchères**

**DE LA LIBRAIRIE ÉM. PAUL ET FILS ET GUILLEMIN**

**28, rue des Bons-Enfants, 28** (Anciennes Maisons Silvestre et Labitte)

SALLE N° 1

Par le ministère de Mᵉ **ANDRÉ DESVOUGES**, Commissaire-Priseur

26, RUE DE LA GRANGE-BATELIÈRE, 26

(Successeur de Mᵉ MAURICE DELESTRE)

Assisté de **MM. ÉM. PAUL ET FILS ET GUILLEMIN**, Libraires-Experts

28, RUE DES BONS-ENFANTS, 28

---

**EXPOSITION PARTICULIÈRE**

*Les Vendredi 11 et Samedi 12 Juin 1909*

28, RUE DES BONS-ENFANTS, 28

*De 3 heures à 5 heures*

---

## CONDITIONS DE LA VENTE

La vente se fait expressément au comptant.

Les adjudicataires paieront 10 pour cent en sus des enchères.

---

**Les Libraires chargés de la vente rempliront, aux conditions d'usage, les commissions des personnes qui ne pourraient y assister.**

COLLECTION G. A.

# EX-LIBRIS FRANÇAIS

## DES XVII^e ET XVIII^e SIÈCLES

**LA PLUPART HÉRALDIQUES**

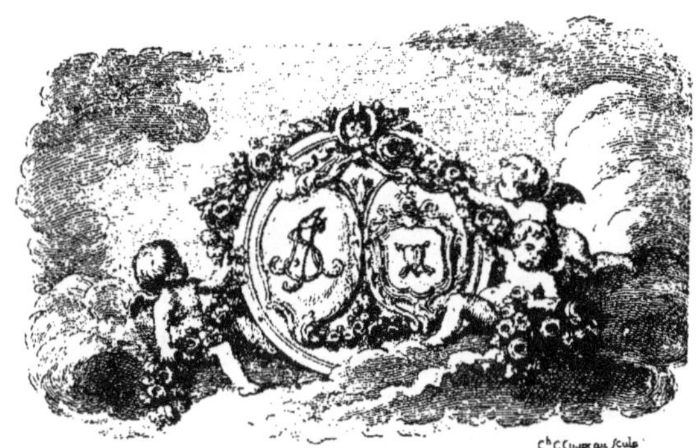

N° 44 du Catalogue.

PARIS
EM. PAUL ET FILS ET GUILLEMIN
**Libraires de la Bibliothèque Nationale**
28, RUE DES BONS-ENFANTS, 28

1909

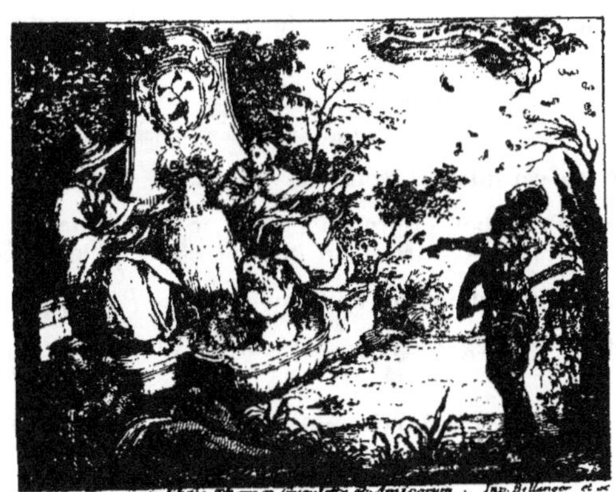

N° 117 du Catalogue.

# EX-LIBRIS

## FRANCE

### XVII<sup>e</sup> SIÈCLE

1. **Amiens** (Chanoines, ou Prémontrés d'); pet. in-4.

2. **Anonyme.** (*D'argent, au lion de sable, au chef d'azur chargé d'un soleil d'or.*)

3. **Anonyme.** (*D'argent, à la tour démantelée accompagnée à l'angle supérieur dextre d'un croissant, et à l'angle inférieur senestre d'un autre croissant: au chef de Jérusalem*), gr. par *P. Nolin*; in-4.

4. **Anonyme.** (*De sable, au chevron engrêlé d'hermine accompagné de 3 trèfles d'argent*), gr. par *J. Beaudeau*; in-4.

5. (**Beaulac**) (de), en Languedoc: in-4.

6. (**Besançon**) (Chapitre métropolitain de) ; gr. sur bois.

7. **Bousselin** (Nicolas), chanoine de l'Eglise Royale de Saint-Quentin.

8. (**Brinon**, S^r de Formanville) ; in-4.

Rare. — Epreuve remmargée et très habilement restaurée.

9. (**Caetani**) (le cardinal), à Rome, gr. par *L. G.* vers 1580.

10. **Despont** (Philippe), prêtre à Paris, gr. par *Ladame*, en 1682 ; in-4 avec portrait. — Autre, petit in-12. — Ensemble 2 pièces.

11. **Du Fresne d'Espagny** (François), gr. par *P. Giffart*.

12. **Fevret** (B.-C.-C.), écuyer, seigneur de Bligny et Curtil, gr. par *C. P.*

13. (**Gasquet de Saint-Barthélemy**) (Michel), à Bordeaux ; in-4.

Légende manuscrite datée de 1627.

14. (**Lamoignon**) (Guillaume de), premier Président au Parlement de Paris.

15. (**Mareste d'Alge**) (de).

16. (**Noailles**) (le Duc de), gr. par *Jean Picart* ; petit in-4 en largeur.

17. (**Perrault**), en Bourgogne, gr. par *J. Seguenot* ; in-fol.

Très belle pièce de la plus grande rareté.

18. (**Perrot de Fercourt**), maître des Requêtes ; grand in-folio (292 × 325 mill.)

Belle épreuve à toutes marges.
*Voir la reproduction sur la quatrième page de la couverture.*

19. (**Pinteville de Cernon**), en Lorraine et Champagne, gr. par *J. de Marolles*, en 1671.

20. **Richelieu** (Armand-Jean Du Plessis, cardinal de) ; in-8.

Ex-libris (ou blason de dédicace) aux armes du Cardinal de Richelieu, accompagnées d'une ancre, insignes de sa charge de surintendant général de la navigation et du commerce.

21. **Robillard** (Ambroise), gr. par *L. Ballard*; in-fol.

Superbe et rarissime pièce.

22. **Ruffier** (Claude), trésorier de France, à Lyon ; in-12.

23. (**Sabran**) (de), en Provence, gr. par *Humbelot* ; in-4.

Belle pièce : très rare.

24. **Saint-Cyr** (Maison-Royale de Saint-Louis, à), gr. par *Le Clerc le jeune*; petit in-8.

Très rare.

25. **Talbert** (D.-C.-F.), conseiller, 1689 : in-8.

26. (**Thomas de la Valette**), en Provence, gr. par *Maretz* ; grand in-8.

27. **Vaillant de Saint-Victor** (Alexandre) ; petit in-8.

## XVIIIe SIÈCLE

28. **Acard** (G.-A.).

29. **Anonyme.** (*D'argent, à deux bandes de gueules accompagnées de 7 croisettes du même*).

30. **Anonyme.** (*D'azur, au cerf d'or passant derrière un chêne d'argent*, et à la devise : *Velocitate et constantia*) ; gr. par *J. Striedbeck*, à Strasbourg.

31. **Anonyme.** (*D'azur, au chêne accompagné de 2 étoiles en flanc et d'un croissant en pointe, le tout d'argent.*)

Epreuve tirée de format in-8.

32. **Anonyme.** (*D'azur, au chevron échiqueté accompagné en chef de 2 croissants d'argent et en pointe d'un château-fort sur une terrasse de sinople.*)

Epreuve tirée à la sanguine.

33. **Anonyme.** (*D'azur, à la tour maçonnée accompagnée en chef de deux étoiles d'or*); in-8.

Epreuves à toutes marges.

34. **Anonyme.** (*D'azur, au... chargé d'un pal d'argent, au chef de gueules chargé d'un chien d'argent et à la champagne de sinople*); gr. par *Arthaud*.

35. **Anonyme.** (*D'hermine, à l'écusson d'or chargé d'un lion couronné de gueules, au chef d'azur chargé de trois fleurs de lis d'or*) in-12 en largeur.

36. **Anonyme.** (*D'or, au chevron d'azur accompagné en pointe d'un pélican, au chef de gueules chargé de 2 croissants de sable*). — 2 variantes.

37. **Anonyme.** (*D'or, à 2 chevrons d'azur.*)

38. **Anonyme.** (*Ecartelé : aux 1 et 4 d'azur à 3 losanges d'argent; aux 2 et 3 d'argent à un lion de...*), avec les **initiales** *E. L B. V. G.* au-dessus de la couronne.

39. **Anonyme.** (*Ecartelé : aux 1 et 4, de gueules, au champ de blé accompagné en chef à senestre d'un soleil ; aux 2 et 3, d'azur, à l'épée d'argent à la garde d'or*); par *Baumès.*

40. **Anonyme.** (*Ecartelé : d'azur et d'or, à la croix pattée d'argent cantonnée au 1 et 4 d'une grenade et aux 2 et 3 d'une grue ; sur le tout parti d'argent et d'azur au chef d'or et à la fleur de lis brochante sur le parti*), par *P.-L. Surugue*, 1756 ; in-8.

41. **Anonyme.** (*Parti, au 1 : écartelé, aux 1 et 4, une tour, aux 2 et 3, 3 fasces ondées d'argent ; sur le tout, au lion entouré d'une bordure chargée de 6 écus. — au 2....*), gr. par *M.*

42. **Anonyme.** (*... Sur le tout à l'aigle de sable chargée de Savoie*), gr. par *A. Brichet*, en 1767 ; pet in-4.

Belle épreuve à toutes marges.

43. **Anonyme.** (*... Sur le tout, d'argent au chevron de gueules, au chef d'azur chargé d'une étoile d'argent*). Ecclésiastique ; in-8.

Superbe épreuve à toutes marges, tirée in-4.

44. **Anonyme.** (*Un médaillon renfermant les initiales A. J. S, accolé d'or, au cœur de gueules percé de deux flèches*), gr. par *Ch.-G. Coupeau.*

Très gracieuse composition.
*Voir la reproduction sur le titre du Catalogue.*

45. **Archambault** (D.-D. d'), gr. par *Sergent-Marceau*, à Chartres, en 1778 ; in-8.

Belle épreuve à toutes marges.

46. (**Argenteau**) (d').

47. **Armancy** (Danré d'), en Soissonnais. — 2 variantes, avec les pièces en chef différentes.

48. **Artois** (Mgr le Comte d'), gr. par *P.-P. Choffard*, en 1785.

Charmant blason de dédicace aux armes du Comte d'Artois, plus tard Charles X. — Epreuve à toutes marges tirée de format in-8.

49. **Baillot** (J.), curé de Genevrières et doyen de Fouvent (Franche-Comté), 1762.

50. (**Barlatier du Mas**), en Provence, gr. par *H. B.*; in-4.

Très belle et très rare pièce.

51. **Bastide** (Agricol-Joseph), chirurgien à Avignon.

52. (**Béhague**) (Pierre-Antoine de), Brigadier de dragons, Lieutenant du Roi à Brest.

53. **Belain**, avocat au Parlement, gr. par *Godard* (à Alençon.)

54. **Bergiron** (Ant.), conseiller au Parlement de Paris.

55. (**Bernage de Vaux**) ; in-8 en largeur.

56. (**Bernis**) (le Cardinal de), gr. par *Aveline*, d'après *Sicard* ; in-8 en largeur.

57. **Berry-Cavalerie** (Régiment de) ; étiquette in-8 avec encadrement.

Bibliothèque établie l'an 1772, *par les soins de M. le Mis de Lambert, colonel, et aux dépens de Mrs les Officiers abonnés.*

58. **Bestein de Bassompierre**.

Non cité dans les *Ex-libris Lorrains* de MM. de Mahuet et des Robert.

59. **Bèze** (Abbaye de), arr. de Dijon, diocèse de Langres (*Monasterium Besuensis*), gr. par *L. Monnier*.

60. **Boecler** (Jean-Fréd.), (à Strasbourg).

61. **Bonnet** (Marcellin).

62. **Boquestant** (le Marquis de), capitaine au Régiment de Dragons de Languedoc ; 2 variantes, dont une avant la lettre. — A.-M.-L. Devougny-Boquestant (étiquette encadrée et gravée de la période révolutionnaire). — Ensemble 3 pièces.

63. (**Bourdon**), à Paris.

64. **Bourzac** (Marie-Henriette Achard de Joumard de Legé, comtesse de).

65. **Brière-Loiseau**, à Alençon.

66. **Broglie** (Maurice-Jean-Madeleine, Prince de).

67. (**Brunet de Montforan**, baron de Thoisy) ; in-8 en largeur.

68. (**Brunet de Panat**), évêque en Languedoc ; petit in-8.

Très rare (griffons pour supports). — Légère restauration.

69. (**Brunet**) **de Panat** (J.), évêque en Languedoc, gr. par *Veissière* ; in-8.

Rare.

70. **Buret**, gr. par *Ollivault*, à Rennes.

Jolie pièce.

71. **Caffari de Glacières** (Jean).

Jolie composition.

72. (**Cahusac**) (de), en Languedoc, gr. par *Jeanjean* ; petit in-8.

73. (**Caissotti**) (Franc.-Giacinto), à Turin, gr. par *Gay* ; grand in-8 en largeur.

74. **Catelin** (Antoine-Benoît de), gr. par son frère *J.-B. Catelin* ; in-8.

Ex-libris provençal rare (*E. Perrier*, p. 122.)

75. **Caze** (M.-J.-F. de).

Jolie pièce. — Léger raccommodage.

76. **Charlet**, conseiller au Parlement.

Petit raccommodage en marge de la pièce.

77. **Charrière** (le Général Baron).

78. **Chevillard fils**, par *Neveu*.

Jolie pièce tirée en sanguine, à laquelle on a ajouté le monogramme du même personnage dessiné au pochoir.

79. **Contencin**, avocat à la Cour ; attribué à *Collin*.

Jolie composition.

80. (**Costa**) (Ant.-Fr. de), lieutenant-général civil et criminel du Bailliage de Lille, en 1700.

Léger raccommodage.

81. **Costa** (Louis).

82. (**Coste de Champéron**), en Touraine et Ile-de-France.

83. **Cougnouveau du Cerny** (en Forez).

84. **Curty** (André-P.-Mar.), en Bourgogne.

85. **Dairan** ; in-12 en largeur.

86. (**Dauphin**), en Mâconnais, gr. par *D.* — 2 variantes.

87. **Dautrichon** (J.-B.), par *Delcourt fils*, à Tournay ; petit in-8.

88. **Dechanrenault** (Jacques-Ant.), à Dijon, gr. par *L. Monnier*.

89. (**Desaix**) **de Veygoux** (le Chevalier).

Réimpression ?

90. (**Des Martins ?**); in-8.

91. **Des Mazis de Boinville** (le Chevalier), capitaine au Corps Royal de l'Artillerie.

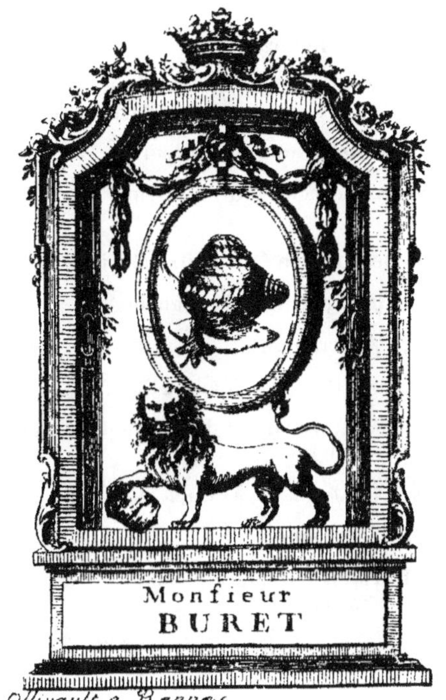


N° 70 du Catalogue.

92. **Desrousseaux** (Philippe), Comte du Saint-Empire.

93. (**Des Vaux de la Couldre**), en Bretagne.

94. **Desvignes** (Jacques), avocat du Roi à Arles, gr. par *Michel*.

95. **Devaraine** (Gabriel), par (*Robert*) *Daudet*.

Très rare.

96. **Deverduc**, conseiller au Parlement ; 1740.

97. (**Dillon de Terrefort**), en Guyenne, gr. par *Taylor*, en 1751.

98. (**Dubreüil**.)

99. (**Du Casso**?), en Bretagne.

100. **Dueil** (Claude), (à Reims).

101. **Duguet** (A.), en Forez, par *Montagni.*
Tirage ancien, très rare, de l'ex-libris d'André Duguet, officier de cavalerie.

102. (**Du Lau**). (Ecartelé : au 1 de Du Lau).

103. **Dumonceaux**, licencié en droit (gr. par *Merché)* ; in-16
Epreuve tirée en bleu.

104. **Duplessis-Delabrosse** (Jérôme) ; petit in-8.

105. **Durand de Gevigné** (Claude-François).

106. (**Durant**), en Auvergne.

107. **Ecole Royale Militaire** (Hôtel de l').

108. **Escalle** (F.-J.-F.), provincial du Couvent de Saint Bonaventure à Lyon ; grand in-4.
Pièce peu commune. C'est la première de celles reproduites dans l'excellent *Armorial des Bibliophiles du Lyonnais* de MM. Poidebard, Baudrier et Galle.

109. (**Espinay**), en Bretagne ; in-8.

110. (**Finot de Reliac**), à Toulouse.
Epreuve à toutes marges.

111. **Fontaine** (de), gr. par *Merché* ; petit in-8.
Très rare.

112. (**Fouquet**, Marquis de Belle-Isle), Bibliothèque du Département de la Guerre, gr. par *N. Le Mire* ; grand in-4.
Superbe pièce.

113. **Gelis**, gr. par *Veissière*, à Albi.

114. (**Georges de Lemud**) (François-Sébastien), gr. par *Nicole*.
Ant. de Mahuet et Ed. des Robert. *Ex-Libris Lorrains*, p. 130.

115. (**Glé du Bois-Mesnard**), en Bretagne.

116. **Gout**, avocat au Parlement de Normandie.

117. **Gueulette** (Thomas), dessiné et gravé à l'eau-forte par *Bellanger* ; in-12 en largeur.

Curieuse et rare pièce, accompagnée de son étiquette typographique. *Voir la reproduction à la première page du texte.*

118. **Gumin** (Ant. de) ; in-8.

Épreuve à toutes marges.

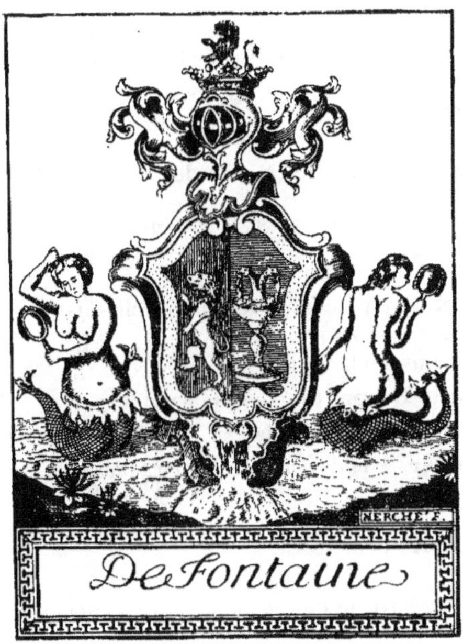


N° 111 du Catalogue.

119. **Guynet.**

120. **Havé** (A.-J.), gr. par *V. de S.* (*Varlet de Semeuze*), en 1761 ; in-12 en largeur.

121. (**Hédouville**), en Champagne et Picardie.

122. **Henrion** (Camille-Henri), gr. par *Cl. Roy.* — 2 variantes, (armes simples et sur le tout).

123. **Hoffmann** (G.-L.-S.) par *Traiteur*, 1761.

124. **Imbert** (Claude), par *Mandonnet.*

125. **Jamier** (Blaise-Gabriel).

126. **Jaubert** (Guillaume-Auguste), évêque de Saint-Flour.

127. (**Jaucourt**) (de), en Bourgogne.

128. **Jeanjean** (Antoine), recteur de l'Université de Strasbourg; in-16.

Epreuve à toutes marges.

129. **Jeanjean** (Antoine), recteur de l'Université de Strasbourg; in-8.

130. **Jourdan**, confrère.

Epreuve à toutes marges.

131. **Lacour d'Amonville** (Michel de), gr. par *Ficquet* d'après *Le Mire*; in-4.

Joli portrait du titulaire dans sa bibliothèque, avec ses armoiries; il le faisait relier en tête de ses volumes.

132. (**Ladvocat ?**), à Paris.

133. **La Faux** (de), procureur du Roi à Arcis-sur-Aube.

134. **Lamarre** (Raymond), par *Jonveaux.* — Louis CLOUET, par *le même.* — Ensemble 2 pièces.

135. (**La Roche-Héron**) (de), en Bretagne.

136. (**La Rochenégly**) (M^me^ de), en Auvergne et Bourgogne.

137. **Laumonier**, à la devise: *Le Pauvre désire l'Aumonier* (en Champagne).

138. **La Vaulx** (Charles, comte de), Guidon de Gendarmerie, gr. par *Colin*, 1752; petit in-8.

Rare.

139. **La Villetehalt** (le Comte de), gr. par *Delaruelle*, à Saint-Brieuc; in-8.

Très curieuse pièce dans le goût d'Ollivault.

140. **La Vieuville de Chesneau** (en Artois); in-8.

141. **Le Besgue** (Jean), de Beauvais, chanoine de Reims.

142. (**L'Eglise**) (l'abbé Ignace de).

143. (**L'Eglise**) (de), accolé de MALCONVENANT; gr. sur bois.

144. **Le Gros**, gr. par *lui-même*, en 1790. — 2 épreuves, avec et AVANT LA LETTRE.

*Voir la reproduction ci-contre.*

On a ajouté le portrait de Sauveur Le Gros, graveur amateur, gravé par lui-même d'après *François.*

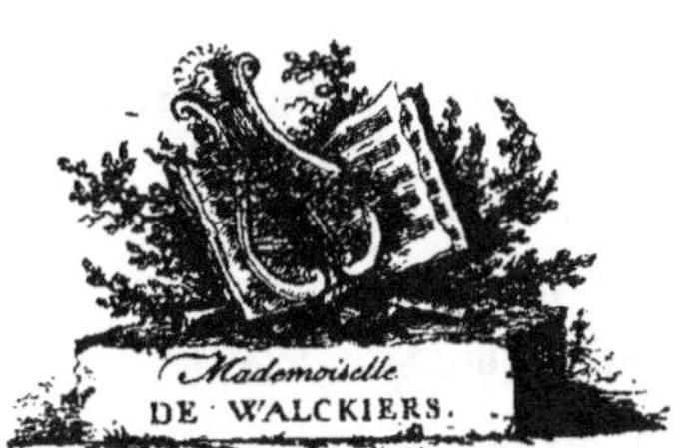


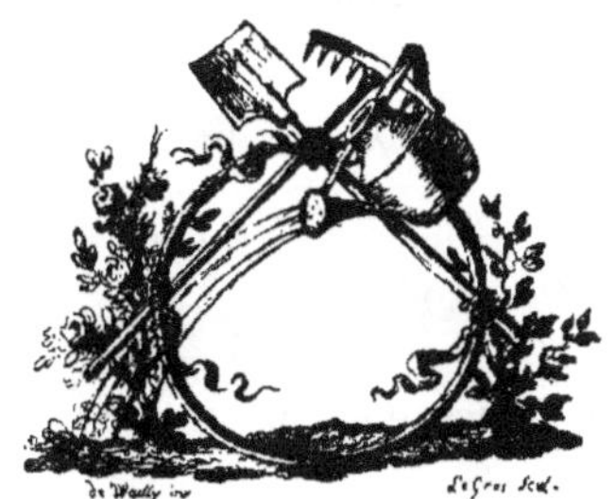

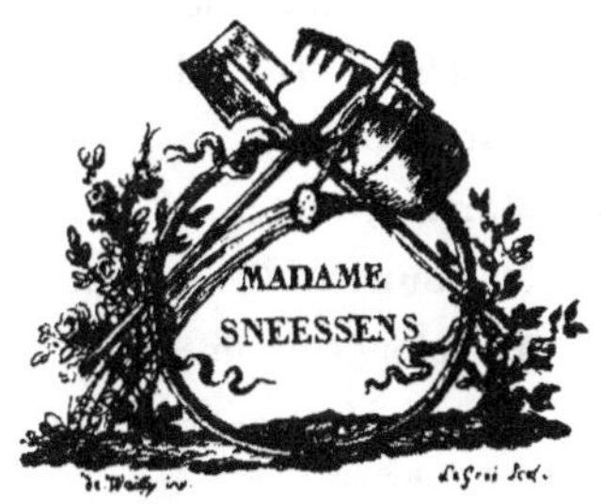


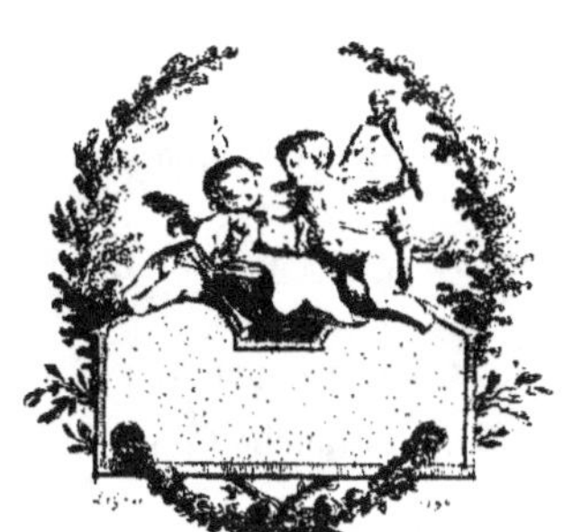

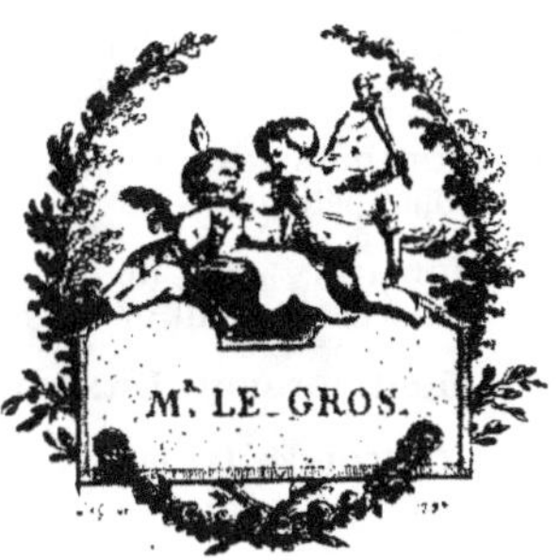


Nos 144, 191 et 208 du Catalogue.

145. **Le Seigneur.**

146. **Lobel** (C.-A. de), protonotaire apostolique, chanoine de Leuse. — 2 épreuves, avec et AVANT LA LETTRE.

147. (**Lordat**) (Mme de), née CAUMONT DE LA FORCE ; en Languedoc.

148. **Madre** (de), en Artois.

149. **Madre du Locron** (de), en Artois.

150. (**Mahuet**) (Charles-Ignace, comte de), conseiller d'Etat, par *Nicole*, à Nancy, 1744 ; petit in-8.

151. **Majault**, chirurgien-major de Douay ; in-12 en largeur.

152. **Maleissye** (D.-C. de). — 2 variantes.

153. **Manscourt** (de).

154. **Marin**, avocat ; petit in 8 en largeur.

155. **Maubuisson** (Louis-François de).

156. **Maucler** (de) ; in-8.

157. (**Michaud de la Tour-Morel**), en Franche-Comté.
Epreuve à toutes marges.

158. (**Missions des Lazaristes**) (Congrégation des) ; in-12 en largeur.
Belle épreuve à toutes marges.

159. **Montange** (André-Louis de), docteur de Paris, de la Société Royale de Navarre, 1753.

160. **Montboissier**, vicomte de Canilliac ; pièce héraldique au pochoir ; petit in-8.

161. **Montigny** (de), de l'Académie des Sciences, gr. par *Mme Le D.* (*Dauleeur*) ; petit in-4.

162. (**Montmorency-Luxembourg**) (de), gr. sur bois par *K.*

163. **Montrond** (Mme la Comtesse Mouret de), en Franche-Comté, née DARLUS DU TAILLY.

164. (**Mopinot**) (J.).

165. **Moreau** (J.-B.) ; in-12 en largeur (pièce dite : *au lit*).

166. (**Mouret de Chatillon**), en Bourgogne.

167. **Nice** (Sénat de) ; in-8 en largeur.

**168. Panetier**, membre de la Cour des Aides.

DESSIN ORIGINAL au crayon.

**169. (Pechpeyrou de Comminges)** (Comtesse de), née Durey de Noinville. — (DUREY DE NOINVILLE). — Ensemble 2 pièces.

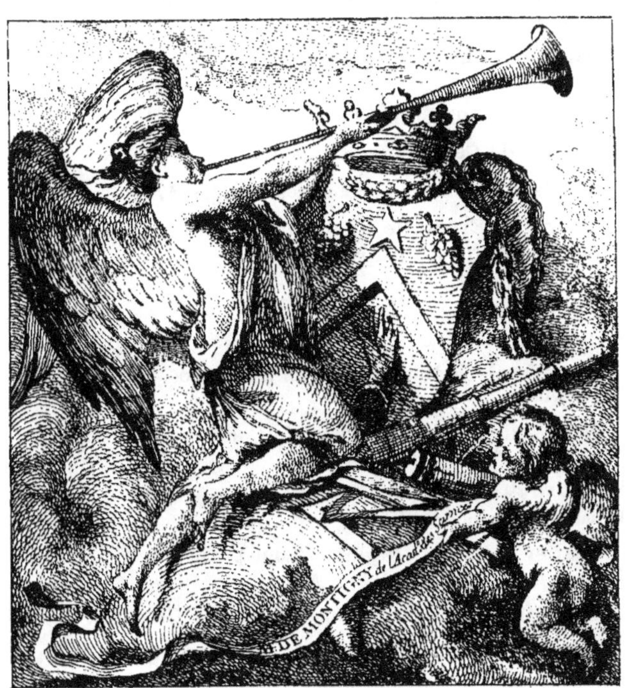


N° 161 du Catalogue.

**170. Perard** (Jacob) (seigneur de Matignicourt), en Champagne, gr. par *A. C.* (*Colin*), en 1735.

**171. Perard-Drouet** (Pierre), (à Reims).

Non cité par M. Henri Jadart dans ses *Bibliophiles Rémois*.

**172. Perrault** (François), curé de Praville, en Beauce, gr. par *Le Tillier*, en 1764; in-8.

Jolie pièce avec le portrait du titulaire. — Belle épreuve à toutes marges, tirée de format in-4.

173. **Peterinck**, en Flandre.

174. (**Pinon de Quincy**).

175. **Plaisance** (de), gr. par *Bis*, à Douay, en 1781.

Epreuve à toutes marges.

176. **Proost de Chambourg** (Aymon), à Orléans, par *Dupuy*, en 1732 ; grand in-4.

177. **Querhoent**, officier de la Marine, 1777.

178. (**Richier de Cerisy**), en Normandie.

179. **Robillard** (Nicolas), auditeur des comptes, 1724.

180. **Rolland d'Erceville** (Barthélemy-Gabriel), conseiller au Parlement de Paris, gr. par *Stallin*, en 1750.

Epreuve à toutes marges.

181. **Rondé** (Madame), Galerie du Louvre.

Variante peu commune.

182. (**Roquefeuil**) (le Marquis de), en Languedoc, gr. par *Veissière*, à Albi.

183. (**Rouillé de Boissy**, marquis du Coudray). — 2 variantes, dont une par *F.-P. Tardieu*.

184. **Rouvroy** (Albert), par *Durig*.

Epreuve à toutes marges.

185. **Sabatier d'Astors** (Raymond-Louis), par *Baumès*, à Montpellier.

186. **Sausin** (Louis), conseiller au Parlement de Grenoble.

187. (**Savonnières**) (le Marquis de), en Anjou ; in-8.

188. **Schoutheer** (B^r^), à Dunkerque.

189. **Sconin de Saint-Maximin** (Louis-Antoine), grand-vicaire et prévôt de l'église d'Alais.

Voir sur le possesseur de ce bel ex-libris la notice écrite par M. Prosper Falgairolle dans son intéressant travail sur les *Bibliophiles du Bas-Languedoc et leurs Ex-libris* (pp. 116-117).

190. **Serpes de la Fage** (de).

191. **Sneessens** (Madame), gr. par *Le Gros* d'après *de Wailly*. — 2 variantes, dont une AVANT LA LETTRE.

Charmante pièce.
*Voir la reproduction page 13.*

**192. Sobrecassas** (de).
Charmante pièce.

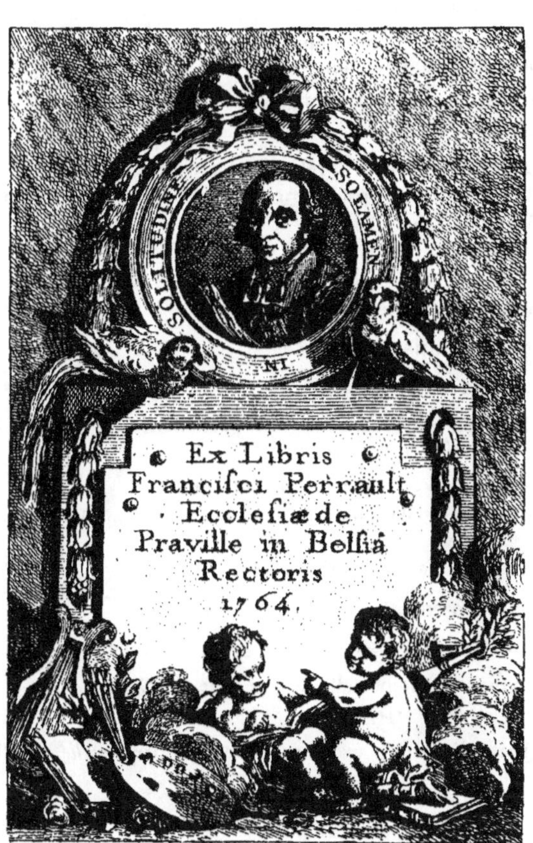


N° 172 du Catalogue.

**193. Soreau** (F.-A. de), chanoine de Saint-Dié
Légère restauration en marge de la pièce.

**194. Sorèze** (École Royale Militaire de), pièce timbrée à l'encre.

195. (**Soullié de Choisy**), en Provence et en Languedoc, gr. par *Stagnon*.

Cassure réparée à la partie supérieure.

196. (**Taillefumyer**) (Dominique-Hyacinthe de), président à mortier au Parlement de Metz.

197. **Tardivon** (de), curé de la Platière.

Très rare.

198. **Tasnière** (Daniel-Ant.), prêtre à Besançon, gr. par *Fillot*.

Etat différent de celui reproduit par MM. Gauthier et de Lurion dans leur ouvrage sur les *Ex-libris franc-comtois*.

199. (**Therrise**) (Fr.-Christ.), abbé de Saint-Victor en Caux, diocèse de Rouen.

200. **Thomas** (Charles-François).

201. **Valete-Desplans,** gr. par *Tubert*.

202. **Vallette de Rocheverd.**

203. **Villemorien** (de), conseiller au Parlement, gr. par *R. B.* (*Brichet* ?), en 1739.

204. **Villers** (J.-C.), gr. par *Ollivaut*, à Rennes.

Jean-Charles Villers fut Commissaire du Gouvernement près les armées de la Vendée.

205. **Villevieille,** maître des Comptes.

206. **Vincent** (Florent).

207. (**Vintimille**) (Charles-François de), en Provence.

208. **Walckiers** (Mademoiselle de), gr. par (*Le Gros*).

*Voir la reproduction à la page 13.*

209. **Wavrans** (Félix de), évêque d'Ypres, gr. par *Merché*, à Lille, en 1762.

Epreuve tirée en bleu.

---

210. (**Alphonse**) (J. d'). — d'Assenoy. — (d'Audiffret). — Baschi d'Aubaïs ; 3 variantes dont une gr. par *G. Scotin*. — Ignace de Billieux, gr. par *Simon*. — Bonnay, prêtre. — (Boudon de Saint-Amans). — (Brancas-Lauraguais). — Cambon, évêque de Mirepoix, par *J. Mercadier*. — P.-L. de Carbon, par *L.-F. Baour*.—

(Choiseul-Beaupré, archevêque de Besançon). --- Pierre-Ant. Convers, gr. par *L. Monnier*, 1762. — Daymar. — Ensemble 15 pièces.

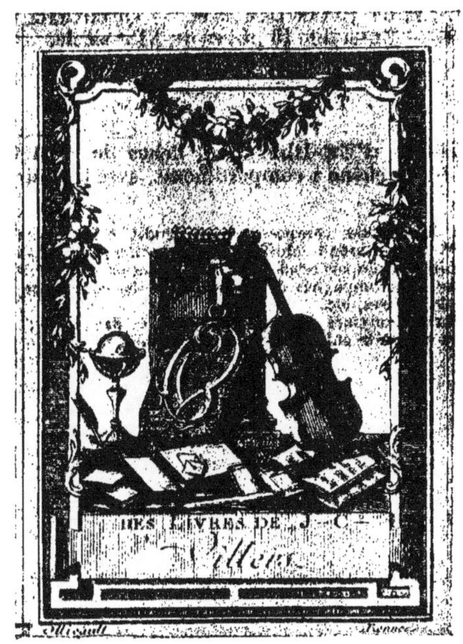

N° 204 du Catalogue.

211. **Fajon.** — Falquet de Planta. — Harouard de Saint-Sornin. — (Joubert). — Labouilhe, étiquette. — (de La Colombe d'Artites). — de La Luzerne. — de La Porte. — Le Tors de Chessimont. — Ant. Mariane. — Marié de Toulle ; 2 variantes. — Ménage de Mondésir. — Nicolay. — Odile. — Ensemble 15 pièces.

212. **Peysson de Bacot**. — Pijon, étiquette. — (Pillury ? ?). — (Poulhariez). — Pruvost. — (Rigoley de Juvigny). — (Roquette). — Roussel. — (Séguier), gr. par *Branche*. — Seguret. — (Thomé de Ferrières). — Titon de Villotran. — (Verthamon). — Vichet. — Anonyme. — Ensemble 15 pièces.

213. **Boyer de Sainte-Suzanne.** — (Brettes de Thurin). — Cabanes. — de Cabot-Lafare. — de Catellan. — (Du Faur de Pibrac). — de Gayffier. — (de Gères). — Grossolles-Flamarens. — Alex. Martel. — Comte de Montgrand. — Albert Pascal. — E. de Payan-Dumoulin. — Quérilhac. — d'Yzarn-Freissinet. — Ensemble 15 pièces du XIXe siècle.

---

214. **Répertoire d'Ex-libris**, sur fiches de bristol, dans une grande boîte en chêne à compartiments, avec fermoirs et poignée en cuivre.

Précieux Répertoire composé par un érudit collectionneur d'ex-libris, M. de V***. Il comprend plus de 4.000 (*quatre mille*) fiches, mesurant 126 × 89 mill., la plupart ornées des blasons des ex-libris *très finement dessinés à la plume* et accompagnés des descriptions des couronnes, cimiers, supports, tenants, devises, etc.

Les ex-libris anonymes sont classés à part et par pièces ; un répertoire des graveurs complète enfin cet important travail.

---

N° 1293-XIII

Tours, imp. Tourangelle, 20-22 rue de la Préfecture.

LIVRES - AUTOGRAPHES - ESTAMPES

DOCUMENTS
IMPRIMÉS & MANUSCRITS
EX-LIBRIS
VUES, SCEAUX
CARTES & PLANS

LIBRAIRIE A. SAFFROY
**SAFFROY FRÈRES Succ^rs**
**73, Grande Rue - Villa 23**
**au PRÉ SAINT-GERVAIS (Seine)**

ARCHIVES
NOBILIAIRES
PORTRAITS
ACHAT DE LIVRES
AUTOGRAPHES, etc.
au comptant

M. Seymour de Ricci doit

Le Pré St-Gervais, le 1909

| | | |
|---|---|---|
| 46732 | Baudelaire | 6 |
| 47178 | Cachet 30 | 3 |
| | port | 10 |
| | | 9 10 |

F. N° 513 Prière de rappeler ce numéro en payant.

Tours, Imp. Tourangelle, 20-22, rue de la Préfecture.

www.ingramcontent.com/pod-product-compliance
Lightning Source LLC
LaVergne TN
LVHW010254230826
846091LV00007B/2963
*9782329542416*